I FOCUS
ON THOUGHTS
THAT SUPPORT
MY WELLNESS

Focus

I have the
COURAGE
to face this
challenge

Courage

I discover peace inside

Peaceful

I am
safe
and have
nothing
to fear

Safe

I am
strong

Strong

I find
new ways
to relax
and relieve
stress

Relax

I am
a strong
and
fearless
warrior

Warrior

I AM BRAVE

Brave

I choose
to find
reasons
to be
happy

Happy

I REMEMBER

MY DREAMS

Dream

I
let go
of the things
I
cannot change.

Let it go

I choose
thoughts that
support
wellness

I LOVE
EVERY PART
OF MYSELF

I am
filled with
gratitude

I love
and care for
my body

I
RELEASE
NEGATIVITY

Every day
I feel
stronger

I
forgive
my body

I find new ways to express love

I make time for joy

I am
supported
and
loved

I find ways to enjoy this moment

I am grateful to be alive

Fight!
Hope
Stop cancer!

Made in the USA
Monee, IL
20 October 2022

16261157R00039